SEVEN VOICES OF
SORROW

SEVEN VOICES OF
SORROW

Lenten Prayer Series

Lorcán Kenny

VERITAS

Published 2023 by
Veritas Publications
7–8 Lower Abbey Street
Dublin 1
Ireland
www.veritas.ie
publications@veritas.ie

ISBN 978 1 80097 054 0

10 9 8 7 6 5 4 3 2 1

A catalogue record for this book is available from the British Library.

Designed by Clare Meredith, Veritas Publications
Eagarthóireacht Ghaeilge: Breandán Ó Raghallaigh KSS KGCHS
Translations by An tAth Brian Ó Fearraigh
Photography by Bríd Dunne
Creative input by Bríd Dunne
Printed in the Republic of Ireland by Walsh Colour Print, Kerry

Veritas Publications is a member of Publishing Ireland.

Veritas books are printed on paper made from the wood pulp of managed forests.
For every tree felled, at least one tree is planted, thereby renewing natural resources.

To Ann and Aileen, you epitomise Leonard Cohen's
song 'Sisters of Mercy' and have taught me
that true friendship reaches through the
mire of sorrow to hold our hands.

—— Contents ——

This book will help to support two young girls in Uganda named Christine and Elizabeth. Two very vulnerable young people, they have been supported by my Gérshâs in Coláiste Phobal Ros Cré and other kind donors. The indomitable Srs Eileen and Mona Maher and the lionesses of Coloma Primary School care for them. Christine has begun a tailoring course and Elizabeth is progressing through secondary school. May all your hearts feel joy.

All author royalties will go towards Christine and Elizabeth's future care and education.

— Preface —

As a child, I had a mild speech impediment. My parents wisely ensured I had speech therapy and elocution. Since then, I have been fascinated by the use of language and how words are formed. As a chaplain, colleagues in the Irish department and their use of the Irish language fascinated me. It is amazing how the translation into Irish brings fresh nuances and insights to the reflections in this book.

As you read these words out loud, may the Spirit of God bring life to how you see these characters. May they remind you of loved ones in your own life. May this process bring you heart, hope and healing.

Thank you to Brian for finding the words in Irish that I can only dream of, in a prayerful, compassionate way.

Thank you to Bríd for generously giving your time, skill and insight with your photographs – and for doing much more than this. I often think about how you explained to me the difference between a dark room and a light room. When sadness was upon me you shared an outdoor coffee with me. You stayed with me in my sadness and helped illuminate a way.

Brian and Bríd, when sadness comes your way may joy and hope illuminate your hearts in unexpected ways.

Introduction

The nuances of language are beautifully mutable. 'I'm sad' translates to *tá brón orm* in Irish, literally 'sadness is upon me'. Let that rest in your heart for a moment. I am not sadness in itself; it is something that has descended upon me. How the language of sorrow and grief is changing!

When my mam died in November 2021 I couldn't help but notice that some people struggled to connect with me in my grief. People would say 'it's difficult' or 'it's hard' when they met me. I would respond with 'no, it's sad' and their responses were fascinating. There was puzzlement, perturbment and, indeed, low-key anger. My response was an unfamiliar tune; it didn't fit the narrative. When did we get unaccustomed to or uncomfortable with 'I'm sad'? 'It's difficult' may have truth, but it can become an almost diagnostic detour, leading us away from the person who is grieving. Grief is already a lonely, weary road. I love our old colloquial phrase 'I'm sorry for your troubles'. It takes ownership of our feelings in the face of someone else's loss – 'I'm sorry' – but it also acknowledges that the other person has loss and it is theirs; not ours, theirs. It is a phrase that connects and is naturally soothing. I also love that it uses the word 'troubles', because when someone dies there are many losses and many things to grieve. Isn't it difficult to enter into someone else's pain and sadness? Isn't it difficult to enter into our own?

Comfort and solace speak to the heart's loneliness through our mother tongue. I asked Máire Cleary, a valued colleague and Irish teacher, to give me some of her favourite Irish phrases that are used in times of sadness and grief. These phrases are imbued with compassion, understanding and solidarity.

Solas na bhflaitheas ar a hanam/anam.
The light of heaven on her/his soul.

Go mbeidh leaba aici/aige i measc na naomh.
May she/he have a bed in heaven amongst the saints.

Go dtuga Dia suainhneas síoraí dá anam/hanam.
May God give eternal, peaceful rest to their souls.

In Uganda Christine and Elizabeth would be familiar with phrases in the Runyankole language that incorporate 'rest' – *Yahumura* (She is resting), *Ahumere omubusingye* (Rest in peace) – a universally comforting concept.

I get great comfort when I read these phrases aloud. They have a particular energy, a prayerful intention that graces the bearer and receiver of the blessing. Words have such power to heal and to restore hope.

That's what I pray for you, dear reader. May your own voice of sadness find solace and sensitivity in these seven voices. Each character has had grief, loss and something stolen from them; however, the heart that grieves great loss is also capable of great love. That is a fundamental and reassuring truth. Yes, I have lost many people, but the amount of sadness we feel equals the amount our heart loves. The heart defies loss through love.

May your own loved ones who are with God help you to move gently through this season, this loss and, indeed, this day.

In order to engage with this book fully, I invite you to quieten your heart and spirit. For each voice, gaze at the images and notice how they speak to your heart. Read the reflections aloud in Irish, in English or both, and see what your soul says back to you.

May these seven voices of sorrow bring compassion, reassurance and fortitude to your heart. God be with your heart. *Guím suaimhneas, seasmhacht agus soilíos oraibh.*

— 1 —
Mary of Magdala

The night, overripe with sorrow,
falling like velvet temple curtains
to stifle all light, all right.
And whilst I wasn't invited to the supper,
he was.
To be perused, surveyed,
purloined, betrayed.
He sat alone in the corner,
no friend, no kindness in sight,
on the night overripe with sorrow.
I seized my unasked-for cue
and blazed past Pharisee's light,
holding my jar of nard.
And when the whispers whittled away,
when eyes switched
from searching my body to searching the unswept floor,
I burnt the bonds of false hospitality,
by cracking the waxy seal of that holy, precious jar.

For his sorrow has moved me,
a kind of loneliness only the truly good have,
when falseness demands redress.
Radiant, his dimmed head, almost defeated.
I darted nimbly to him and threw myself at his feet,
to pour, to cry, to anoint his skin,
soon stretched, whipped, stripped and beaten.
My nard invaded the room,
like my unwelcome overfamiliarity.
Femininity protests
a body that bleeds,
a body that bore
the scorn of toxic masculinity.
The tears I silently shed
for the lonely,
the lost,
the innocence gone,
the widow, the beggar, the child,
those who hunger for mercy, for justice, for food.
I anoint them all in his body.
I wash them all with my tears.
I dry them all with my long hair.
I perfumed with courage their dread, their fears.
For only an often-judged woman
would deign to risk respectability.
Only a woman who's lost much
is free.
I learnt this truth from my grandmother,

on Magdala's golden long shores,
to be a strong, independent, free woman
is to be lied about,
called sinner and whore.
For the cost of your courage could be your good name;
the cost of love, calumny.
But the value is knowing your self-worth,
from Magdala to Calvary.
And so, if this perfume is kindness,
my name will be lost in the sands,
but his anointing has brazened my valour.
A woman alone, but a woman loved,
I will arise and help him stand.

Máire Mhagdala

An oíche, ró-aibí le dólás croí,
ag titim mar a dhéanfadh cuirtíní síodúil an teampaill
le gach solas a mhúchadh, gach ceart.
Agus cé nár tugadh cuireadh chuig an tsuipéar domhsa,
tugadh dósan.

Lena léamh, lena scrúdú,
lena chiapadh, lena bhraith.
Shuigh sé leis féin sa choirnéal,
gan cara, gan cineáltas i ngar dó,
ar an oíche a bhí ró-aibí le dólás croí.
Do thapaigh mé an deis gan iarraidh
agus sciorr thart le solas Fairisíneach,
mo chrúiscín spíosraí i mo ucht liom.
Nuair a chiúnaigh an chogarnach,
agus díriú stánadh súl,
ó bheith a gcuir tríomsa go scrúdú urláir salach,
loisc mé bannaí na haíochta bhréige,
trí shéala céiriúil an chruiscín sheodmhar choisricthe sin a scaoileadh.
Mar, chuaigh a bhrón go croí ionam,
an sórt sin cumtha, nach léir ach don dea-dhuine cóir,
nuair a éilíonn an bhréag a bheith curtha ina cheart.
Lonrach, a cheann cromtha, beagnach briste.
Go lúfar, léim mé a fhad leis agus chaith mé mé féin ag a chuid cosa,
le doirteadh, le caoineadh, lena chraiceann a ungadh,
a bheadh sínte, lasctha, nochtaithe agus buailte gan mhoill.
Ghlac an naird a bhí á iompar agam seilbh ar an tseomra,
dhalta mo ró-mhuintearas gan fáilte.
Léirsiú na bandachta
corp le sruth fola,
corp a d'iompar
tarcaisne nimhiúil na fearúlachta.
Na deora a shilim go ciúin
don uaigneach,

don caillte,
don neamhchiontacht caite,
an bhaintreach, an bacach, an leanbh,
díofa sin a bhfuil ocras na trócaire, an cheartais, agus an bhia orthu.
Ungaim iad uile ina chorp.
Ním iad uile le mo chuid deora.
Triomaím iad uile le mo ghruaig fhada.
Cumhraím le misneach, a n-imní, a n-eagla.
Cé eile, ach amháin bean a ndéantar an iomarca breithiúnais uirthi
arbh fhiú léithe meas a chailleadh.
Níl saor go hiomlán i ndáiríre,
ach amháin bean a bhfuil cuid mhór caillte aici.
D'fhoghlaim mé an fhírinne seo ó mo sheanmháthair,
ar mhachairí fada órga Magdala,
le bheith i do bhean láidir, neamhspleách, saor
is ionann sin agus bréaga a bheith inste fút,
peacach agus striapachas a bheith caite i do leith.
D'fhéadfadh sé go bhur gclú a chailleadh, costas bhur gcrógachta,
costas an ghrá, an t-ithiomrá.
Ach luíonn an luach san fhéinmhuinín,
ó Mhagdala go Calvaire.
Agus mar sin de, mas cumhracht an chineáltais í seo,
beidh m'ainm caillte i ngaineamh,
ach dhaingnigh a ungadh mo chrógacht.
Bean léithe féin, ach bean a bhfuil croí tugtha di,
éireoidh mé agus cuideoidh mé leisean seasamh.

— 2 —

Malchus

The pain was overwhelming.
It seared me, sliced me, severed me.
I thought I was safe,
secure in the background
of temple guard,
when from the blackness he struck
and took my left ear off.
Shock struck me first,
I saw the same shock, the fear,
in bold Peter's eyes.
I knew who he was. Always cocky,
so sure of himself, out front and centre,
yet he struck me unaware, unprepared.
A coward in the dark,
attacking a temple guard.
The blood spurts down me,
my mangled ear obscenely holding on
by bits of skin.
The blood on my hands, the spiralling pain,
the dizziness, the torches dropping, the screams.
Confusion.
More blood.
Darkness, fear, anger, pain.
Flashes of my family in my mind's eye:
my widowed mother,
barely making ends meet;
my beggar brother, his disfigured face,
pleading at temple gates.

I'd pass and avert my eyes –
best not make Caiaphas aware
we are of one blood.
He preached about him in the temple.
'Sins of the flesh! Sins of the father!
Fall afresh and cursed,
this beggar at the gate
has lost God's favour!'
I spat out the taste of staying silent later.
He is no priest.
Now he has a disfigured temple guard
amongst his ranks.
I start to laugh at life's ironies and I cannot stop.
My comrades recoil in horror and haste.
A voice pierces through the gloom.
'Peter, sheath your sword.'
Two hands hold my head.

Two hands wipe my splattered face,
with sleeves of a seamless chiton.
One hand held my ear back in place,
whilst the other cupped my right ear
and whispered:
'Malchus, son of Hannah, brother of Job,
be healed.'
The jolt of fusion ripped right through me.
I flopped lamely in his arms as he
cradled me with his cloak.
I murmured words, but they wouldn't come out.
'I believe in you. I believe in you.
I believe you're a holy man of God.
Ever since I saw you thrash through our temple,
ever since I saw you speak to my brother.'
But the words won't come out.
His hands gently fluttered over my eyelids
and I was lulled into soothing darkness.
When I awoke, only the boy disciple was beside me.
He helped me to my feet and half carried me home.
'He asked me to shepherd you,' he said,
'for you will be his last miracle,
before he rises.'
Then, I didn't understand.
Now, my hands unfurl his borrowed cloak,
and I, Malchus, the temple guard turned priest,
I, Malchus, disfigured and restored,
I, Malchus, believe.

Malcas

Bhí an phian treascrach.
Rinne sé mé a sheargadh, a stialladh, a theascadh.
Shíl mé go raibh mé slán,
sábháilte sa chúlra
díorma de ghardaí an teampaill thart orm,
ach, ón dorchadas bhuail sé buille
agus bhain an chluas dheas díom.
Baineadh beatha na ngéag asam ar dtús,
chonaic mé an suaitheadh céanna, an eagla,
i súile Pheadair mhisniúil.
D'aithin mé eisean. Sotalach i dtólamh,
an-mhuinín aige as féin, chun tosaigh agus i lár an steall,
mar sin féin, aniar aduaidh orm a tháinig an bhuille
mé dall ar an chontúirt.
Cladhaire an dorchadais,
ag déanamh ionsaí ar gharda an teampaill.
Bhí scairdeanna fola ag rith chun srutha liom,
mo chluas choscartha, greim gáirsiúil,
le conamar craicne.
An fhuil ar mo chuid lámha, pian bhíseach,
an meadhrán i mo cheann, na lampaí ag titim,
na búirí,
Gach rud ina chíor thuathail.
Tuilleadh fola.

Dorchadas, eagla, fearg, pian.
Splancacha clainne i súile mo chuimhne:
mo mháthair atá ina baintreach,
ag iarraidh cuid a chur le costas;
mo dheartháir an dilleoir, lena aghaidh máchaileach,
go hachainíoch ag geataí an teampaill.
Rachainn thart leis agus chasfainn mo shúile ar shiúl –
is fearr gan é a chuir ar a shúile do Cháiafas
go bhfuil gaol eadrainn.
Rinne sé seanmóireacht faoi sa teampall.
'Peacaí na colainne! Peacaí an athar!
Thit siad go húrnua mar mhallacht,
ar bhacach seo an gheata
chaill sé fabhar Dé!'
Tamall ina dhiaidh sin, sceith mé blas an tosta.
Ní sagart ar bith eisean.
Le garda teampaill le máchail aige anois
ar an bhuíon.
Ligim racht gáire asam gan stad, ag meabhrú ar íoróin an tsaoil.
Tarraingíonn mo chomrádaithe siar go gasta le gráin.
Réabann guth fríd an ghruaim.
'A Pheadair, cuir do chlaíomh ar ais i do thruaill.'
Mo chloigeann idir dhá láimh.
Mo aghaidh steallta á chuimilt ag dhá láimh,
le muinchillí ionair gan uaim.
Lámh amháin ag cur mo chluas ar ais ina háit,
fad agus a bhí mo chluas dheis cuasaithe ag lámh eile
agus de chogar íseal ag rá:

'A Mhalcais, mac le Hanna, deartháir le Iób,
glantar thú.'
Chuaigh croitheadh an chomhleá go croí ionam.
Thit mé ina phleist ina lámha agus eisean
mhuirnigh sé mé lena ionar.
Rinne mé monabhar cainte, ach ní thiocfadh na briathra amach.
'Creidim ionat. creidim ionat.
Creidim gur fear naofa Dé thú,
Ó leag mé súil ort ag lascadh fríd ár dteampall,
ó leag mé súil ort ag labhairt le mo dheartháir.'
Ach, bhí snaidhm ar mo theanga.
A cuid lámha go creathach caoin ar mhogaill mo chuid súile
agus cuireadh chun suain i ndorchadas suaimhneach mé.
Nuair a mhúscail mé, ní raibh le mo thaobh ach an t-ógánach deisceabal.
Chuidigh sé liom ar ais arís ar mo chosa agus chabhraigh liom casadh
abhaile.
'D'iarr sé orm aire a thabhairt duit agus tú a threorú,' a dúirt sé,
'mar gur tú a mhíorúilt deireanach,
roimh a aiséirí.'
An uair sin, níor thuig mé.
Anois, le mo chuid lámha ag scaoileadh saor a fhallaing iasachta,
agus mise, Malcas, an garda teampaill ina Shagart,
mise, Malcas, na máchailí, ar ais ar mo sheanléim arís,
Mise, Malcas, creidim.

3

Procula
Wife of Pilate

The old nightmares are returning.
Long dormant,
I thought I had outrun them.
Now rumbling, in my soul,
like Vesuvius.
It's always the same:
my fathers' face, contorted with rage;
my mother screaming at me,
'Take the smaller ones and hide. Hide in the olive groves!'

My father,
an important man,
a respected man,
an abusive man.
The twins are softly whimpering,
like whipped kittens, hidden in the morning mist.
He's been drinking again.
In betraying moonlight, I see his visage,
his despised face,
his face of hate.
I signal hush to my sisters with a trembling finger
and leave them shuddering in our secret place, the hollow bark.
We will need that shelter again.

So, I stumble out and
make myself visible to him.
I dash away in the darkness.
Maybe I can outrun him this time,
for I practise this daily now.
Maybe this nightmare will end differently.
I can feel him, almost upon me.
The wolf outruns the lamb.
And then, then a lone figure of light blazes forth
and scoops me behind his shimmering chiton.
My father melts into nothingness,
becoming a nothing man.
Long dead, he now has no power over me.
'You are free,' the stranger said.
I find his face in half light, half awake.
A Nazarene face.
A man.
An important man.
An intelligent man.
A redemptive man.
A son of man.
This phrase peals in my mind,
like a call to prayer.
When I awake,
I will light a votive to the unknown God.
When I wake, I will tell my husband
of this warning dream.
My husband who rescued me.

My husband who restored my faith in men.
My husband who held me when dreams overwhelmed me
and screams roused our villas.
My husband who is just.
My husband who has to make impossible decisions.
For I am the wife
of an important man,
an intelligent man,
a man who's decisive and fair.
I wonder, though,
will he be the man
in this turbulent, arid land
who will listen to the counsel
of his wife's waking, warning dreams.

Procula
Bean Chéile Phíoláit

Filleann tromluithe na haoise.
A bhí faoi shuan le fada,
shill mé gur fhág mé i mo dhiaidh iad.
Is míshuaimhneach i m'anam anois iad,
cosúil leis an Veasúiv.
Tá sé mar an gcéanna i gcónaí:
aghaidh m'athar, casta as riocht le taom feirge;
mo mháthair ag screadaíl ormsa,
'Beir leat an t-aos óg agus imigh faoi cheilt, gabh i bhfolach i ngarraí na
n-ológ!'
Mo athair,
fear tábhachtach,
fear a bhfuil cáil mhór air,
Sclamhaire de fhear.
Tá an cúpla ag geonaíl go séimh,
mar a bheadh pisciní lasctha, folaithe i ndrúcht na maidine.
Tá sé ag ól arís.
Feicim a ghnúis, faoi sholas thréigthe na gealaí,
a ghnúis tharcaisniúil,
a ghnúis fhuathúil.
Le méar chreathach, tugaim rabhchán do mo chuid deirfiúracha bheith
ina dtost

agus fágaim iad, ar crith le heagla inár gcró folaithe rúnda, an choirt
    chuasach.
Beidh an foscadh sin de dhíth orainn arís.
Mar sin, amach liom go tuisleach agus
le go bhfeice sé mé.
Bailím liom sa dorchadas.
B'fhéidir go mbeidh mé ábalta é a fhagáil i mo dhiaidh an iarraidh seo,
óir, bím ag cleachtadh seo go laethúil anois.
B'fhéidir go mbeidh deireadh difriúil leis an dtromluí seo.
Mothaím é, chóir a bheith sa mhullach orm.
Sáraíonn an mac tíre an t–uan.
Agus ansin, ansin réabann cruth aonarach solasmhar
agus sciobann sé suas mé ina ionar crithlonrach.
Leánn m'athair chun neamhní,
is neamhní d'fhear anois é.
Marbh le fada an lá, níl cumhacht ar bith aige ormsa anois.
'Tá tú saor,' a dúirt an strainséir.
Feicim a ghnúis i mbreacsholas, leath mhúscailte.
Gnúis Nasairéanach.
Fear.
Fear tábhachtach.
Fear éirimiúil.
Fear slánaitheach.
Mac an duine.
Baineann an nath seo macalla as m'intinn,
Mar a bheadh gairm chun urnaí.
Nuair a mhúsclaím,
dhéanfaidh mé ofráil mhóideach don Dia anaithnid.

Nuair a mhúsclóidh mé, béarfaidh mé scéala do m'fhear céile
faoin bhrionglóid rabhaidh seo.
M'fhear céile a tháinig i dtarrtháil orm.
M'fhear céile a chur faoi réim ionam arís, dóchas sna fir.
M'fhear céile a d'fháisc mé nuair a bhí mé corraithe le tromluithe
agus ár dteach mór corraithe le screadanna.
M'fhear céile atá cóir.
M'fhear céile a bhfuil air cinntí deacra a dhéanamh.
Óir is bean chéile mé le
fear tábhachtach,
fear éirimiúil,
fear atá ceannasach agus cothrom.
Nach iontach é
ach meabhraím
an eisean an té
sa talamh suaiteach tirim seo
a bhéarfaidh cluas éisteachta don chomhairle,
ó bhrionglóidí, dúiseachta, rabhaidh a bhean chéile.

— 4 —
Judith
Mother of Barabbas

I have but one chance
to save my son,
one chance to save him,
my son, my only son.
I will shout,
I will scream
and wail for justice,
like my namesake of old.
I will slash the silence,
mustering her strength
and not care about the other one.
I don't care if he's good.
I don't care if he's a prophet, a healer, a messiah king.
I don't care.
He's not my son.
My only son.
The crowd press around me,
their sweat, their stench.

Their anticipation of dissent.
I need a height,
a vantage point,
to proclaim my raucous rallying cry
of what we named him. My God
we were so happy then.
He was so loved.
My longed-for son.
My baby of long ago.
I have but one chance to save him.
My tears flow fast.
I search for friends' faces
amongst the throng. Where are our friends?
And then my eyes catch hers.
Another mother.
Another child, her child.
No. She won't rob him from me.
His name I will drown.
My son will go free.
Oh God, the pain, the pain.
Please God. I know. I know.
His ways are violent,
but your people are in pain.
My son offers a different path
to the Nazarene.
He will lead,
he will overthrow,
he will free us.

Pilate edges forward.
The prisoners are named.
'Whom shall I free? The blood will be on your hands.'
Well not just my hands, my head, my heart.
I'll bear it all.
I hang from the whipping post and begin with a bloodcurdling cry:
'Barabbas! Barabbas! Free Barabbas!'
The crowd, now kind, rally to my warlike cry.
Their voices swell like the Sea of Galilee
in throaty cacophony.

The Governor washes his hands.
His fate is thus.
Her son will die.
My son shall live.
Ecce homo.
I turn, my face triumphant,
relieved in victory.
Her eyes are on her son.
She softly mouths a prayer to him:
'I am with you always. Yes, until the end of time.'
I lose my voice, my tongue struck dumb.
All I can do is lean against the whipping post.
My son, he shouts to me.
Wide grinning brigand, granted reprieve.
But a new pain freshly nestles in my heart.
I know my son has amnesty,
but I can still see his mother, his mother.
Even now, years later,
I can still see her face,
and I am the one who is captured.
I am the one not free.

Iúidit
Máthair Bharabas

Níl agam ach deis amháin
le mo mhac a shábháil,
deis amháin lena shábháil,
mo mhac, mo aonmhac.
Ligfidh mé béic asam,
ligfidh mé scread asam
agus ligfidh mé racht caointe asam ar son an chirt,
mar a rinne mo chomhainmneach fadó.
Scoiltfidh mé an ciúnas,
ag cruinniú a nirt
gan aird ar bith ar an gceann eile.
Is cuma liom má tá sé maith.
Is cuma liom mas fáidh é, fear leighis, fiú rí Meisiasach é.
Is cuma liom.
Ní mo mhac é.
Mo aonmhac.
Teannann an slua isteach orm,
an t-allas uathu, a mboladh lofa.
A ndúil le heasaontas.
Tá airde de dhíth orm,
stáitse caothúil chun faire,
chun mo rosc catha glórach a chraobhscaoileadh

mar a d'ainmnigh muid é. Mo Dhia
bhí muid sona sásta ansin.
Bhí dúil mhór ann.
Mo mhac a rabhthas ag súil leis.
Mo leanbh ó na blianta ó shin.
Níl agam ach an deis amháin lena shábháil.
Ritheann mo chuid deora go tuibh liom.
Cuardaím aghaidheanna cairde
i measc an tslua. Cá bhfuil ár gcairde?
Agus ansin tháinig mo shúile lena súile.
Máthair eile.
Páiste eile, a páiste.
Ní dhéanfaidh. Ní ghoidfidh sí uaim é.
Déanfaidh mé A ainm a bhá.
Rachaidh mo mhac-sa saor.
Ó a Dhia, an phian, an phian.
Le cuidiú Dé. Tá a fhios agam. Tá a fhios agam.
Is fíochmhar a chuid béasa,
ach tá do phobal i bpian.
Malairt slí atá á thairiscint ag mo mhac
seachas bealach an Nazairéanaigh.
Tabharfaidh sé treoir,
cuirfidh sé as cumhacht,
saorfaidh sé muid.
Druideann Píoláit chun tosaigh.
Déantar na príosúnaigh a ainmniú.
'Cé a ligfidh mé saor? Ar bhur lámha féin an fhuil.'
Bhuel, ní amháin mo lámha, mo cheann, mo chroí.

Iompróidh mé uile é.
Crochta as piléar na sciúirsí ligim scairt choscrach asam:
'Barabas! Barabas! Scaoil saor Barabas!'
An scaifte, tá siad cineálta anois, tacaíonn siad le mo liú catha.
Tagann méadú ar a nguthanna mar a bheadh Muir na Gailíle ann
le gleo slóchtach.
Níonn an Gobharnóir a lámha.
Is amhlaidh a chinniúint.
Gheobhaidh a mac bás.
Beidh mo mhacsa beo.
Ecce homo.
Casaim, m'aghaidh go caithréimeach,
le faoiseamh mar gheall ar an bhua.
Tá a súile dírithe ar a mac.
Scaoileann sí paidir go séimh óna béal chuige:
'Tá mé i do chuideachta i gcónaí. Fiú go dtí deireadh an tsaoil.'
Caillim lúth labhartha, déantar staic de mo theanga.
An t-aon nidh a thig liom a dhéanamh ná luí siar ar philéar na sciúirsí.
Glaonn mo mhac orm.
Robálaí le cár gáire leathan, agus barántas faoisimh faighte aige.
Ach d'airigh mé pian úr neadaithe i mo chroí.
Tá a fhios agam go bhfuil maithiúnas faighte ag mo mhac,
ach feicim go fóill a mháthair, a mháthair.
Fiú anois, le himeacht na mblianta,
feicim a haghaidh go fóill,
agus is mise an té atá ceaptha.
Is mise an té nach bhfuil saor.

—— 5 ——
Nicodemus

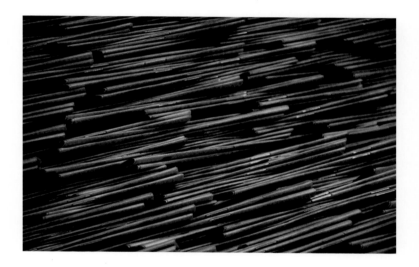

I know how I will be remembered.
Nicodemus,
the one who came by night
to listen to that crazed Nazarene.
The one who watched as Joseph bravely gave
his grave away.
A man of shadows.
Too afraid to speak up, speak out.

Too afraid to give truth a voice.
Too afraid, too afraid, too afraid.
All my life I've played it safe.
I've worn grey,
melted into temple walls,
camouflaged scrolls and quills,
masks of discerning and clever rote learning.
I taught caution, counselled prudence
to students slumbering in the morning sun.
Behind a cloak of intellect
and respectability,
I sheathed my conscience,
my dreams,
my struggles with God,
on faith,
on the law,
on why I never married.
This Nazarene took my caution and threw it to the Galilean wind.
My soul it rumbled and awoke,
while fear fumbled, trying to lull me back to sleepy conventionality.
The law is safe.
The commandments are safe.
'You are safe,' fear purred.
But the spark refused to yield to the temple-cat fear.
And yes, by night, I used to visit him.
Disturbed, yet invigorated
by tales of temple-fall.
A world reborn.

I became a living man.
Oh, I knew his path would lead to death and life.
I knew I would have to make a choice.
That choice chilled me.
For I am not a brave man.
But when I witnessed his dignity,
in Caiaphas's courtyard, in seamless chiton.
He stood like a lamb, like a lion,
on Pilate's steps.
Then, later, when he forgave us all,
when he forgave me,
he gazed at me
from a criminal's tree,
I was reborn.
I know how I will be remembered.
Nicodemus,
the one who came by night
to listen to the crazed Nazarene.
While brave Joseph gave his grave away, I hid from sight.
But, no longer will I choose to end my days in shadows.
For I have been immersed in light.
I have freely given that grave away, that held me fast.
So now I can stand and speak and be free
to live the life he gave me.
To live the life
of a man alive.

Niocadaemas

Tá a fhios agam caidé mar a choinneofar cuimhne orm.
Niocadaemas,
an té a tháinig i ndorchadas na hoíche
le cluas éisteachta a thabhairt don Nazairéanach craiceáilte udaí.
An té a choinnigh súil ar Sheosamh, lán de chrógacht
ag tabhairt uaidh a uaigh.
Fear na scáileanna.
Barraíocht eagla air le labhairt suas, le labhairt amach.
Barraíocht eagla air leis an Fhirinne a chur in iúl.
Barraíocht eagla, barraíocht eagla, barraíocht eagla.
Níor ghlac mé seans ar bith i rith mo shaol.
Leamh liath,
leáite i mballaí an teampaill,
ceilte i scrollaí agus i gcleití,
púicíní na tuisceana agus na foghlama de ghlanmheabhair.
Airdeall a theagasc mé, críonnacht an chomhairle a thug mé uaim
go scolairí ina suan i ngrian na maidine.
Faoi fhallaing na hintleachta
agus na measúlachta,
chlúdaigh mé mo choinsias,
mo chuid aislingí,
mo chuid streachailt le Dia,
faoi chreideamh,
faoin dlí,

faoi cad chuige nár phós mé riamh.
Thóg an Nazairéineach seo m'fhaichill agus scaip le gaoth Gailíleach í.
Rinne m'anam geonaíl agus mhúscail sé,
a fhad is a bhí an eagla ag útamáil, do mo mhealladh ar ais faoi chodladh
    an choinbhinsiúnachais.
Tá an dlí sábháilte.
Tá na hAitheanta sábháilte.
'Tá tusa sábháilte,' arsa an eagla, go cnúdánach.
Ach dhiúltaigh an splanc géilleadh d'eagla chat an teampaill.
Sea, le linn na hoíche thabharfainn cuairt air.
Suaite, ach mar sin féin, líonta le fuinneamh
ag scéalta faoi thitim an teampaill.
Domhan athshaolaithe.

Rinneadh fear beo díom.
Ó, bhí a fhios agam gurbh é an bás ceann scríbe a bhóthar agus beatha.
Bhí a fhios agam go mbeadh rogha le déanamh agam.
Chuaigh an rogha go smior ionam.
Mar ní fear misniúil mé.
Ach nuair a thug mé fianaise i dtaobh an dínit a bhain leis,
i gclós Cháiafas, in ionar gan uaim.
Sheas sé mar a bheadh uan ann, mar a bheadh leon ann,
ar chéimeanna Phíoláit.
Ansin, níos moille, nuair a thug sé maithiúnas dúinn uile,
nuair a mhaith sé domhsa,
é ag cur na súl tríom
ó chrann choirpigh,
athsaolaíodh mise.
Tá a fhios agam caidé mar a chuimhneofar ormsa.
Niocadaemas,
an té a tháinig i ndorchadas na hoíche
le cluas éisteachta a thabhairt don Nazairéanach craiceáilte udaí.
A fhad is a bhí Seosamh agus é lán de chrógacht ag tabhairt uaidh a
    uaigh, d'fholaigh mise as radharc.
Ach, ní mhairfidh mé an chuid eile de mo shaol faoi scáth.
Mar tumadh mé sa solas.
Le saoirse croí thug mé uaim an uaigh udaí, a choinnigh greim daingean
    orm.
Tig liom seasamh anois mar sin agus labhairt amach agus a bheith saor
leis an saol a thug sé dom a bheith agam.
Le saol an fhir bheo a bheith ar mo dheis agam do deo.

6

Dismas
The Good Thief

Each breath is a battle.
Each sigh a parry with pain,
a struggle to withstand, to conserve, to grasp, to live.
This cursed tree,
those cursed soldiers,
who jeer and taunt and gamble with
the luck of a dice
as we three die.
I care not for the other thief.
He stole for avarice, with a blade of cruelty.
I stole for food;
not that it will gleam mercy from the God who commands:
'Thou shalt not steal!'
A noble command, indeed.
Did that God ever see his child in pain?
Did that God ever feed my hungry children,
famished like the lost children of Abraham, Isaac and Joseph.
Where is the God of milk and honey promised?

Not invoked, as I laid stolen bread, a little cheese and meat,
at my children's table.
I'd feed their mouths with lies, their distended, disbelieving faces:
'It's all going to be alright. God will save us.'
My son turns away, his face already hardening
against the maror of life.
My daughter still believes
in hope and goodness and innocence.
My sister has sheltered them from this day.
Cajoling them along the winding road away
to Magdala's shores.
The other's mocking cries to the healer briefly arrests me
from delirious daydreams and choking pain.
He lashes out at the wounded Nazarene,
the only innocent one here hanging on these criminal trees.
I rebuke him robustly; well, as robust as any dying thief can be.
I incline my head
and ask – no, beg –
one prayer, one boon, one remembrance only,
as my life, my deeds flicker before me:
'Remember me.'
It's all I can think to say.
He turns and mouths a dying man's reply:
'Truly, I say to you, today you will be with me in paradise.'
In one stroke,
swifter than a Roman's slashing gladius,
my guilt, my shame, my burdens fall
from my bruised, whipped back,

the blood, the sweat, the darkness all
fall away.
The sun, the searing pain, it ceases,
like a torch freshly quenched
from the struggle and the stench.
I am clear.
I am free.
I am redeemed.
I am living.

Held
by the Lamb of Galilee.

Dismas
An Bithiúnach Fónta

Is cath gach anáil.
Gach osna ag cosc an phian,
ag streachailt cur suas leis, le caomhnú, le tuiscint, le maireachtáil.
An crann mallaithe seo,
na saighdiúirí mallaithe sin,
atá ag faíreach, ag achasán agus i mbun cearrbhachais
le hádh an dísle
a fhad's a fhaigheann an triúr againne bás.
Is cuma liom faoin ghadaí eile.
Is de bharr na sainte a ghoid seisean, le lann na cruálachta.
Ghoid mise le greim a chur i mo bhéal;
ní hé go mbeidh dealramh na trócaire air ón Dia a ordaíonn:
'Na déan goid!'
Aithne uasal go cinnte.
An bhfaca an Dia sin a pháiste riamh i bpian?
An dtug an Dia sin riamh greim le nithe do mo pháistí ocracha,
stiúgtha amhail páistí caillte Abrahám, Íosác agus Seosamh.
Cá bhfuil an Dia a ghealann bainne agus mil ina slaoda?
Gan guí, agus mé ag fágáil arán goidte, píosa beag cáise agus feola ina luí,
ar thábla mo pháistí.
Dhéanfainn a mbeola a chothú le bréaga, a n-aghaidheanna atá,
    díchreidmheach:

'Beidh gach rud i gceart, déanfaidh Dia muid a shábháil.'
Casann mo mhac ar shiúil, a aghaidh ag éirí crua cheana féin
in éadan maror an tsaoil.
Creideann mo iníon go fóill
i ndóchas, i maitheasaí, i soineantacht.
Chosain mo dheirfiúr iad ón lá seo.
A mealladh chun tosaigh ar an ród casta
go cladaigh Magdala.
Gabhann gártha magúla na muintire eile atá dírithe ar an fhear leighis
    go croí ionam
ó rámhaille brionglóideach agus pian thachtach.
Beireann seisean léasadh teanga don Nazairéanach géarghonta,
an neamhchiontach amháin anseo crochta ar na crainn coirpigh seo.
Tugaim achasán géar dó; chomh géar agus a thig le gadaí ar bith sna
    smeachanna deireanacha a thabhairt.
Claonaim mo cheann
agus fiafraím – ní hé, impím –
paidir amháin, mian amháin, cuimhneachán amháin go díreach,
a fhad is atá mo bheatha, mo bhearta ag preabarnach os mo chomhair amach:
'Cuimhnigh ormsa.'
An t-aon rud a ritheann liom le rá.
Casann sé agus faoina anáil, tugann freagra an té atá ag foghlaim an
    bháis:
'Deirim leat go fírinneach, beidh tú in éineacht liom inniu i bparthas.'
I mbuille amháin,
níos gaiste na claíomh Rómhánach ag gearradh anuas go beo,
titeann mo chiontacht, mo náire, mo chuid ualaí
ó mo dhroim brúite, sciúrtha,

an fhuil, an t-allas, an dorchadas uile
scaoileann sé láithreach.
An ghrian, stopann an phian loiscneach,
mar a bheadh lóchrann a múchadh ann
ón streachailt agus ón drochbholadh.
Tá mé slán.
Tá mé saor.
Tá mé slánaithe.
Tá mé beo i mo bheatha.

Fáiscithe
ag Uan na Gailíle.

— 7 —

Tamar
The Woman at the Well

for Peig and Bríd

This news didn't trickle down.
It tore me, terrorised me.
I dropped my bucket in the well.
My hearing went
and a coldness washed over me by the well,
where he questioned me, and I him,
determined not to see this Nazarene as my better.

We parried as we parched for the truth that flowed through our
    tongues.
I am a Samaritan woman,
defined by place,
supposed to know my place
in relation to the men in my life.
He wasn't interested in this.
He saw me, at noon, burnt by the sun,
by men, by life,
and he dared to ask me for a drink.
I could have laughed, or ran, or hit him with my bucket.
But I chose to stand my ground,
even though I was afraid,
desperately afraid,
of answering his questions.
They disturbed me.
But, like Herod and the Prophet, I wanted to hear more
and as I started to believe in him
I began to believe in myself once more.
I brought the village to him – no easy feat.
I unpacked his parables for them.
I preached.
I became a woman who, though not used to being seen or listened
    to,
became reclaimed, a woman worth knowing.
I redeemed myself
by facing his questions about
who and what I believe in.

Well,
they've killed him now.
The lamp's been snuffed.
The oil's been spent.
The coin's been lost.
The Lamb is dead.
Slain by wolves.
They've killed him now.
He must have upset the tables of their respectability.
He must have dined too long
with the lepers, the lame,
the sinners, the whores,
the lost children of God.
He quenched their thirst
and ignited their holy imagination.
Will it always be so?
When someone tells the truth,
will they be mocked, lashed and torn?

When a woman tells the truth,
will she be believed, listened to or scorned?
Why do we wreck God's word?
Why do we bury the wells with words of hate, and fear and fanatical
    control?
And where,
where now is my place in the world?
The woman who believed a madman.
The woman who believed a foreigner.
The woman who brought shame to our village.
'Look at what she's done.
She'll never amount to much.'
Well, I can stand much.
I stood at noon in blazing sun to draw living water from a dead well.
I stood and preached, and touched and healed.
I stood as he gave me living waters.
I stand now
between death and life,
a woman at the well,
with empty hands and a fallen bucket,
mourning a fallen friend – yes, friend.
I stand, defiant in sorrow,
not in shame,
because I know,
I know.
They may bury his broken, battered body,
but, by God! By God!
I shall make his story rise.

Támár
An Bhean ag an Tobar

do Pheig agus Bríd

Níor shil an scéala seo anuas chugam.
Stróic sé mé, chuir sé teann scéine orm.
Thit mo chrúsca isteach sa tobar.
Chaill mé mo chuid éisteachta
agus bhuail fuacht mé ag an tobar,
áit ar cheistigh sé mé, agus mise eisean,
rún daingean agam gan an Nazairéanach seo a fheiceáil níos fearr ná mé.
Le tart na fírinne ag sileadh tríd ár dteangacha chuir muid cosc.
Is bean ón tSamáir mé,
áirithe de réir áite,
in ainm a bheith eolach ar mo háit
maidir leis na fir a bhí agam.
Ní raibh suim ar bith aige san méid seo.
Chonaic sé mé, ar uair an mheán lae, dóite ag an ghrian,
ag fir, ag an saol,
agus bhí de dhánacht ann deoch a iarraidh orm.
Thiocfadh liom gáire a dhéanamh, nó rith, nó buile a thabhairt dó le mo
        chrúsca.
Ach roghnaigh mé cos a chur i dtaca,
cé go raibh eagla orm,
eagla damanta,

a chuid ceisteanna a fhreagairt.
Chuir siad isteach orm.
Ach, cosúil le Héaród agus an Fáidh, theastaigh uaim níos mó a chloisteáil
agus nuair a thosaigh mé a chreidbheáil
thosaigh mé ag creidbheáil ionam féin an athuair.
Thug mé an baile ar fad chuige – ní haon ribín réidh é sin!
Rinne mé a chuid parabail a spíonadh amach dóibh.
Bhí mé ag tabhairt seanmóra.
Rinneadh bean díom cé, nach raibh sé de chleachtadh agam daoine a
      bheith do mo fheiceáil nó ag éisteacht liom,
a raibh éileamh uirthi, bean arbh fhiú aithne a bheith agat uirthi.
D'fhuascail mé mé féin
tré aghaidh a thabhairt ar a chuid ceisteanna faoi
cérbh é agus caidé a chreid mé ann.
Bhuel,
mharaigh siad anois é.
Múchadh an lampa.
Tá an ola caite.
Tá an bonn caillte.
Tá an t-Uan marbh.
Maraithe ag na mic tíre.
Mharaigh siad anois é.
Múchadh an lampa.
Caithfidh gur chuir sé síos agus suas táblaí na measúlachta orthu.
Caithfidh go raibh a dhinnéar ró-fhada aige
i measc na lobhar, na mbacach,
na bpeacach, na striapach,
clann caillte Dé.

Shásaigh sé an tart a bhí orthu
agus las an tsamhlaíocht naofa iontu.
An mbeidh sé amhlaidh i gcónaí?
Nuair a insíonn duine an fhírinne,
an ndéanfar ábhar magaidh dóibh, iad a léasadh agus a stróiceadh?
Nuair a insíonn bean an fhírinne,
an gcreidfear í, an éistfear léi nó an ndéanfar magadh di?
Cén fáth a scriosann muid briathar Dé?
Cén fáth a ndéanaimid na toibreacha a cheilt le briathra gránna, le
*   heagla agus le smacht fanaiceach?*
Agus cá bhfuil,
cá bhfuil m'áit anois ar an saol?
An bhean a chreid i bhfear mire.
An bhean a chreid i gcoimhthíoch.
An bhean a tharraing náire anuas ar ár mbaile.
'Féach ar a bhfuil déanta aici.
Ní dhéanfaidh sí lá maitheasa choíche.'
Bhuel, tig liom go leor a sheasamh.
Sheas mé ar uair an mheán lae faoi ghrian gheal le huisce na beatha a
*   tharraingt as tobar marbh.*
Sheas mé i mbun seanmóireachta, agus leag mé lámh agus leigheas mé.
Sheas mé a fhad agus a thug sé uiscí beo dom.
Seasaim anois
idir bhás agus beatha,
bean ag an tobar,
le lámha folmha, agus crúsca tite,
ag caoineadh cara ar lár – sea, cara.
Seasaim, go dúshlánach i mbrón,

ní náire,
mar tá a fhios agam,
tá a fhios agam.
Go dtig leo a chorp briste, buailte a chur,
ach, dar Dia! Tá mise a rá leat!
Béarfaidh mise a scéal in airde.

Also in the
Seven Voices series

This sensory prayer book features the voices of seven
characters from the Easter story: Mary Magdalene;
Peter; John; Thomas; Simon of Cyrene; the soldier;
and Veronica. Each voice is unique. Each voice
has a different tempo, feeling and resonance. Each
contains comfort, inspiration and, above all, hope.

Also in the *Seven Voices* series

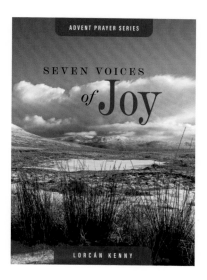

In *Seven Voices of Joy* we hear from seven characters from the Advent story: Gabriel; the Shepherds; the Magi; the child Mary of Magdala; the innkeeper; the little drummer boy; and Simeon.